Créez la Love Room Parfaite sur Airbnb

De l'Idée à la Réalité

Par

Théo Labranche

Table des matières :

INTRODUCTION

Vous avez peut-être entendu parler de ces espaces de rêve qui fleurissent sur Airbnb, ces retraites romantiques idéales pour les amoureux, ces Love Rooms qui captivent l'imagination des voyageurs à la recherche de moments spéciaux. Vous êtes sur le point de plonger dans l'univers fascinant de la création d'une Love Room, une opportunité unique et en constante évolution pour les hôtes Airbnb.

La Love Room n'est pas seulement un lieu d'hébergement, c'est une expérience, une escapade romantique conçue pour éveiller les émotions et créer des souvenirs durables. Elle répond à un besoin croissant de voyageurs en quête de magie, d'intimité et de moments exceptionnels. Si vous envisagez de vous lancer dans l'hospitalité, que vous ayez un logement disponible ou que vous soyez prêt à investir dans un espace dédié, ce livret est fait pour vous.

Au fil des pages, nous allons explorer chaque étape du processus, de l'idée initiale à la création d'une Love Room qui non seulement émerveillera vos clients, mais maximisera également vos revenus. Vous découvrirez comment choisir l'emplacement idéal, concevoir une décoration enchanteresse, commercialiser votre Love Room de manière efficace, gérer les réservations, et bien plus encore.

La création d'une Love Room sur Airbnb n'est pas seulement une opportunité de gagner de l'argent, c'est une chance de transformer votre passion pour l'hospitalité en une expérience authentique et mémorable pour vos invités. Que vous soyez un novice ou un hôte expérimenté, ce guide vous aidera à créer la Love Room parfaite et à rejoindre cette aventure passionnante.

Préparez-vous à plonger dans le monde de l'amour, du rêve et de la réussite sur Airbnb. Bienvenue dans le voyage qui vous mènera à la création de la Love Room idéale, une expérience exceptionnelle pour les couples en quête d'amour et d'aventure.

Chapitre 1 : Comprendre la Love Room

Définition et caractéristiques d'une Love Room

- **Découvrez la Love Room** : Commençons par comprendre ce qu'est une Love Room. Une Love Room est un espace d'hébergement conçu pour créer une atmosphère romantique et intime. Elle se distingue par son ambiance, sa décoration et ses équipements spécialement pensés pour les couples en quête de moments inoubliables. Une Love Room peut être une chambre dans votre propre domicile ou un logement indépendant, mais elle doit offrir une expérience romantique unique.
- **Ambiance enchanteresse** : La clé d'une Love Room réside dans son ambiance. Elle doit évoquer la passion, l'amour et le romantisme. Cela signifie des couleurs apaisantes, un éclairage doux, des draps de haute qualité, des pétales de roses sur le lit, des bougies parfumées et, éventuellement, un bain à remous ou un jacuzzi.
- **Équipements spéciaux** : Les Love Rooms se distinguent également par leurs équipements spéciaux. Pensez à des fonctionnalités telles qu'un grand miroir au plafond, un lit king-size confortable, une musique d'ambiance romantique, et peut-être

même des accessoires pour pimenter la nuit. Ces caractéristiques contribuent à l'expérience globale de la Love Room.

L'attrait des Love Rooms pour les voyageurs

- **Une évasion romantique** : Les voyageurs recherchent de plus en plus des expériences uniques, des escapades qui sortent de l'ordinaire. Les Love Rooms offrent une évasion romantique parfaite pour les couples en quête de moments spéciaux. Ils sont une réponse à la monotonie des hôtels traditionnels.
- **Intimité et discrétion** : Les Love Rooms garantissent un niveau élevé d'intimité. Les voyageurs apprécient la discrétion de ces espaces, où ils peuvent se concentrer sur leur relation sans crainte d'être dérangés. C'est un havre de paix pour les couples qui veulent se retrouver.
- **Expériences inoubliables** : Les Love Rooms visent à créer des souvenirs

inoubliables. Les voyageurs cherchent à vivre des moments romantiques, et ces espaces sont conçus pour offrir une expérience mémorable, que ce soit pour un anniversaire, une lune de miel ou simplement une nuit spéciale.

Les avantages de proposer une Love Room sur Airbnb

- **Revenus potentiels** : Les Love Rooms peuvent générer des revenus considérables. Les couples sont prêts à payer davantage pour une expérience romantique et unique. En proposant une Love Room, vous avez la possibilité de maximiser vos gains.
- **Différenciation sur le marché** : En tant qu'hôte Airbnb, offrir une Love Room vous démarque de la concurrence. Vous attirez un public spécifique qui recherche une expérience romantique. Cela peut vous aider à maintenir un taux d'occupation élevé.
- **Satisfaction de vos invités** : Proposer une Love Room bien conçue peut entraîner des

critiques positives et fidéliser les voyageurs. Les invités satisfaits sont plus susceptibles de revenir et de recommander votre espace à d'autres couples.

En comprenant les caractéristiques, l'attrait et les avantages des Love Rooms, vous êtes prêt à explorer comment créer la Love Room parfaite sur Airbnb. Ce chapitre vous a fourni une base solide pour la suite de ce guide, où nous explorerons en détail chaque aspect de ce processus passionnant.

Chapitre 2 : Trouver l'Emplacement Idéal

Choisir la localisation de votre Love Room

- **Réflexion stratégique** : La première étape cruciale dans la création d'une Love Room est de choisir l'emplacement idéal. Réfléchissez à l'endroit où vous souhaitez établir votre Love Room. Est-ce dans une grande ville, une petite ville pittoresque, à la campagne ou près de la plage ? Identifiez le type de destination qui correspond à l'expérience que vous souhaitez offrir.
- **Proximité des attractions** : Considérez la proximité des attractions locales. Les Love Rooms situées à proximité de restaurants romantiques, de sites touristiques ou de parcs offrent une expérience plus complète aux voyageurs. Pensez à ce que votre emplacement peut offrir à vos invités en termes de divertissement et de commodités.
- **Concurrence** : Examinez la concurrence dans la région. Une concurrence saine peut indiquer une demande pour ce type d'hébergement. Cependant, assurez-vous de proposer quelque chose d'unique pour vous démarquer des autres hôtes.

Considérations légales et réglementaires en France

- **Conformité aux lois locales** : En France, l'hébergement touristique est soumis à des réglementations strictes. Renseignez-vous sur les lois locales et les exigences spécifiques à votre région concernant la location de courte durée. Cela peut inclure des autorisations, des taxes de séjour et d'autres réglementations à respecter.
- **Déclaration de revenus** : Soyez conscient des implications fiscales de la location de votre Love Room. Vous devrez déclarer vos revenus et vous assurer de respecter les obligations fiscales liées à cette activité.
- **Sécurité et normes de construction** : Assurez-vous que votre espace répond aux normes de sécurité et de construction en vigueur. Cela concerne les équipements de sécurité tels que les extincteurs, les sorties de secours, et les installations électriques conformes aux normes.

L'importance de l'emplacement pour attirer les voyageurs

- **Influence sur la décision des voyageurs** : L'emplacement est l'un des principaux facteurs qui influencent la décision des voyageurs. Un emplacement idéal peut être le point de départ d'une expérience inoubliable. Veillez à mettre en avant les atouts de votre emplacement dans votre annonce, que ce soit la vue panoramique, la proximité de la plage, ou la facilité d'accès aux attractions locales.
- **Personnalisez votre annonce** : Faites ressortir les avantages de votre emplacement dans votre annonce Airbnb. Mettez en évidence ce qui rend votre quartier spécial, les activités à proximité, les restaurants romantiques, et les lieux uniques que vos invités pourront découvrir.
- **Images et descriptions précises** : Utilisez des images et des descriptions précises pour présenter votre emplacement. Montrez des photos du quartier, des vues panoramiques, et indiquez la distance jusqu'aux attractions

locales. Les voyageurs apprécient la transparence et l'authenticité.

En choisissant soigneusement l'emplacement de votre Love Room et en respectant les réglementations locales, vous créez les bases d'une expérience réussie pour vos invités. La suite de ce guide vous aidera à aller plus loin dans la création de votre Love Room sur Airbnb.

Chapitre 3 : Concevoir et Décorer la Love Room

Créer une ambiance romantique et intime

- **L'essence d'une Love Room** : La clé de toute Love Room est de créer une ambiance romantique et intime. Utilisez des couleurs apaisantes et des tons chauds pour évoquer la passion. Optez pour un éclairage tamisé avec des lampes à intensité réglable pour ajuster l'atmosphère. Les bougies parfumées peuvent ajouter une touche magique à l'ensemble.
- **La puissance des détails** : Les détails font la différence. N'oubliez pas les pétales de roses sur le lit, les coussins moelleux, les draps de haute qualité et les rideaux opaques pour créer un environnement intime. Assurez-vous que chaque élément de la chambre contribue à l'ambiance romantique que vous souhaitez créer.

Conseils de décoration et d'aménagement

- **Thème romantique** : Choisissez un thème de décoration romantique qui correspond à l'ambiance que vous voulez créer. Cela peut être un thème champêtre, marin, urbain, ou tout autre thème qui évoque la romance. Veillez à ce que tous les éléments de décoration, des tableaux aux tapis, s'accordent avec ce thème.

- **Mobilier élégant** : Optez pour un mobilier élégant et confortable. Un lit king-size avec une tête de lit rembourrée est un incontournable pour une Love Room. Les meubles doivent être de qualité et offrir un confort supérieur pour les invités.
- **Miroirs stratégiques** : Un miroir bien placé au plafond ou sur un mur peut ajouter une dimension sensuelle à la pièce. Il crée un effet visuel unique et peut être un élément de surprise pour les voyageurs.

Sélection de meubles et accessoires adaptés

- **Jacuzzi ou bain à remous** : Si votre espace le permet, un jacuzzi ou un bain à remous peut être un ajout exceptionnel pour une

Love Room. Assurez-vous qu'il est bien entretenu et toujours prêt à être utilisé.

- **Musique d'ambiance** : Offrez aux invités la possibilité de créer l'ambiance sonore parfaite. Mettez à leur disposition un système audio de qualité avec une sélection de musique d'ambiance romantique.
- **Extras sensuels** : Si vous le souhaitez, proposez des extras sensuels tels que des huiles de massage, des pétales de roses supplémentaires, ou des accessoires pour pimenter la soirée. Assurez-vous que ces éléments sont d'une grande qualité et bien entretenus.

En créant une atmosphère romantique et en choisissant les bons meubles et accessoires, vous êtes en mesure de concevoir une Love Room qui répond aux attentes de vos invités en matière d'intimité et de romantisme. Ce chapitre vous a donné des conseils essentiels pour transformer votre espace en une expérience inoubliable pour les couples en quête de romance.

Chapitre 4 : Marketing et Promotion

Création d'une annonce attractive sur Airbnb

- **Titre irrésistible** : Le titre de votre annonce est la première chose que les voyageurs voient. Utilisez des mots accrocheurs pour décrire votre Love Room, comme "Retraite romantique" ou "Nuit magique à deux".
- **Descriptions détaillées** : Rédigez une description détaillée de votre Love Room, mettant en avant son ambiance, ses caractéristiques spéciales et ce qui la rend unique. Décrivez également les équipements que vous offrez, comme le jacuzzi ou les pétales de roses.
- **Réponses rapides** : Soyez réactif aux messages et aux demandes de réservation. Les voyageurs apprécient la rapidité de réponse et la disponibilité de l'hôte.

Utilisation de photos de qualité pour mettre en avant votre Love Room

- **Photographie professionnelle** : Engagez un photographe professionnel ou utilisez un équipement de qualité pour prendre des photos de votre Love Room. Des images bien éclairées et attrayantes sont essentielles pour attirer les voyageurs.

- **Montrer l'ambiance** : Vos photos doivent capturer l'ambiance romantique de la chambre. Utilisez un éclairage doux pour créer une atmosphère chaleureuse et assurez-vous que les lits et les équipements spéciaux sont mis en valeur.
- **Photos de détails** : N'oubliez pas de photographier les détails importants, tels que le lit avec des pétales de roses, le bain à remous, et les accessoires sensuels. Ces images peuvent susciter l'enthousiasme des voyageurs.

Stratégies de tarification pour maximiser les revenus

- **Tarification dynamique** : Utilisez la tarification dynamique pour ajuster automatiquement les prix en fonction de la demande et des périodes de l'année. Vous pouvez facturer davantage les nuits populaires, les week-ends et les jours fériés.

- **Forfaits spéciaux** : Proposez des forfaits spéciaux pour les occasions spéciales, comme la Saint-Valentin ou les anniversaires. Ces forfaits peuvent inclure des extras tels que des roses, des chocolats ou des massages.
- **Offres de dernière minute** : Si vous avez des dates non réservées à court terme, offrez des réductions de dernière minute pour attirer les voyageurs spontanés.
- **Récompenses pour les invités fidèles** : Encouragez la fidélité de vos clients en offrant des réductions ou des avantages pour les voyageurs qui reviennent séjourner dans votre Love Room.

En créant une annonce irrésistible, en utilisant des photos de qualité et en mettant en place une stratégie de tarification intelligente, vous maximisez vos chances d'attirer des voyageurs vers votre Love Room. La promotion efficace de votre espace est essentielle pour augmenter votre taux d'occupation et vos revenus.

Chapitre 5 : Gestion et Service à la Clientèle

Accueil des voyageurs et gestion des réservations

- **Communication efficace** : Répondez rapidement aux demandes de renseignements et aux réservations. La communication est essentielle pour rassurer les voyageurs et répondre à leurs questions.
- **Accueil chaleureux** : Assurez-vous que l'arrivée des voyageurs se déroule sans accroc. Soyez ponctuel, accueillant et prêt à les guider dans votre Love Room. Expliquez les équipements spéciaux et soyez prêt à répondre à leurs besoins.
- **Informations utiles** : Fournissez aux voyageurs des informations utiles, comme un guide local des restaurants romantiques, des activités à faire en couple, et des conseils pour profiter au maximum de leur séjour.

Nettoyage et maintenance de la Love Room

- **Normes de propreté élevées** : Maintenez des normes de propreté élevées dans votre Love Room. Assurez-vous que tout est impeccable à l'arrivée des voyageurs. Le nettoyage doit inclure le changement des draps, le lavage des serviettes et le nettoyage en profondeur de la salle de bains.

- **Entretien régulier** : Veillez à ce que tous les équipements, y compris le jacuzzi, soient en bon état de fonctionnement. Réparez rapidement tout ce qui est endommagé ou défectueux.
- **Contrôle de la qualité** : Effectuez des contrôles de qualité réguliers pour vous assurer que tout est en ordre. Cela peut inclure des vérifications hebdomadaires pour vous assurer que l'éclairage fonctionne correctement et que les accessoires sensuels sont bien approvisionnés.

Offrir des services et expériences spéciales pour les clients

- **Extras romantiques** : Proposez des extras romantiques tels que des massages, des bains moussants romantiques ou des repas aux chandelles que les voyageurs peuvent réserver en plus de leur séjour.

- **Conciergerie personnalisée** : Offrez une conciergerie personnalisée en aidant les voyageurs à organiser des activités spéciales, comme une croisière au coucher du soleil ou une dégustation de vin dans la région.
- **Feedback et suivi** : Après le départ des voyageurs, sollicitez des commentaires sur leur séjour et prenez en compte leurs suggestions. Utilisez ces commentaires pour améliorer continuellement l'expérience que vous offrez.

En offrant un accueil chaleureux, en maintenant la propreté et l'état de votre Love Room, et en proposant des services et des expériences spéciales, vous créez une expérience exceptionnelle pour vos invités. La satisfaction de la clientèle est essentielle pour fidéliser les voyageurs et renforcer votre réputation en tant qu'hôte de Love Room de qualité.

Chapitre 6 : Maximiser les Revenus et Évoluer

Comment analyser les performances de votre Love Room

- **Analyse des commentaires** : Suivez attentivement les commentaires des voyageurs pour identifier les points forts et les domaines à améliorer. Utilisez ces informations pour apporter des améliorations constantes.
- **Indicateurs clés de performance (KPI)** : Identifiez les KPI tels que le taux d'occupation, le prix moyen par nuit, et les revenus mensuels. Suivez ces données pour évaluer la performance de votre Love Room.
- **Sondages et questionnaires** : Sollicitez les retours des voyageurs par le biais de sondages ou de questionnaires pour obtenir des informations précieuses sur leur expérience. Utilisez ces réponses pour ajuster votre offre.

Stratégies pour augmenter les revenus au fil du temps

- **Révision de la tarification** : Révisez régulièrement vos tarifs en fonction de la demande saisonnière, des événements locaux et des tendances du marché. Expérimentez avec des tarifs spéciaux pour les forfaits romantiques et les offres de dernière minute.

- **Fidélisation des clients** : Encouragez la fidélisation des clients en offrant des réductions ou des avantages aux voyageurs qui reviennent. Les clients fidèles sont plus susceptibles de réserver à nouveau et de recommander votre Love Room.
- **Collaborations locales** : Établissez des partenariats avec des entreprises locales, tels que des restaurants, des spas ou des services de location de vélos, pour offrir des forfaits spéciaux aux voyageurs. Cela peut augmenter la valeur de votre offre.

Considérations pour l'expansion ou la diversification

- **Évaluation de la demande** : Si vous envisagez d'ajouter d'autres Love Rooms à votre offre, évaluez la demande dans votre région. Assurez-vous que le marché peut soutenir une expansion.

- **Diversification des offres** : Envisagez de diversifier vos offres en proposant différents types de chambres ou d'hébergements romantiques, tels que des cottages, des suites avec vue panoramique, ou des séjours romantiques à la plage.
- **Maintien de la qualité** : Quelle que soit votre décision d'expansion ou de diversification, veillez à maintenir la qualité et la cohérence de l'expérience romantique que vous offrez. La qualité est essentielle pour fidéliser les clients.

En analysant régulièrement les performances de votre Love Room, en mettant en œuvre des stratégies pour augmenter les revenus et en envisageant des options d'expansion ou de diversification, vous pouvez maximiser vos revenus au fil du temps. Restez flexible et adapté aux besoins changeants de vos clients et du marché pour continuer à prospérer dans le secteur des Love Rooms sur Airbnb.

CONCLUSION

Félicitations, vous avez parcouru un voyage passionnant à travers le monde des Love Rooms sur Airbnb. Vous avez découvert comment créer une expérience romantique exceptionnelle pour les couples en quête de moments inoubliables. Alors, que retenir de ce guide ?

- Les Love Rooms sont bien plus qu'un simple hébergement ; ce sont des retraites romantiques conçues pour éveiller les émotions et créer des souvenirs durables.
- L'emplacement est crucial. Choisissez avec soin l'endroit où vous établirez votre Love Room et assurez-vous de respecter les réglementations locales.
- La conception et la décoration de votre espace sont essentielles pour créer l'ambiance romantique recherchée par les voyageurs.
- La promotion de votre Love Room nécessite une annonce attrayante, des photos de qualité et une tarification stratégique.
- La gestion et le service à la clientèle jouent un rôle clé dans la satisfaction des voyageurs. Veillez à offrir une expérience mémorable à chaque invité.
- Pour maximiser les revenus au fil du temps, surveillez les performances, ajustez la tarification, encouragez la fidélisation des clients et envisagez des options d'expansion ou de diversification.

Lorsque vous décidez de vous lancer dans l'aventure des Love Rooms sur Airbnb, rappelez-vous que chaque détail compte. Créez un espace qui suscite des émotions, qui fait rêver, et qui permet aux couples de vivre des moments magiques. Votre passion pour l'hospitalité romantique peut devenir une source de revenus gratifiante.

Alors, préparez-vous à accueillir des couples épris d'amour et à leur offrir une expérience romantique qu'ils chériront pour toujours. Que votre Love Room devienne le lieu où les rêves d'amour se réalisent, où chaque visite est une nouvelle histoire d'amour. Bonne chance dans votre aventure de création de Love Rooms, et que chaque séjour soit une évasion romantique inoubliable !